Textes et recettes : *Lionel ORTEGA.*

Photographies et stylisme : *SAEP/Jean-Luc SYREN et Valérie WALTER.*

Préparation des plats : *SAEP/Jean-François CAMPAGNE.*

Graphisme : *Élisabeth CHARDIN.*

Coordination : *SAEP/Éric ZIPPER.*

Composition et photogravure : *SAEP/Arts Graphiques.*

Impression : *Union Européenne.*

CONCEPTION : SAEP CRÉATION - 68040 INGERSHEIM - COLMAR

Crèmes brûlées
et petites crèmes

saep

Introduction

Onctueuse, légère, en un mot délicieuse, la crème brûlée est à la base un dessert classique. On la retrouve très souvent à la carte des restaurants de toutes gammes. De nos jours, la préparation peut se faire de différentes façons ; elle peut être sucrée, avec des fruits, du chocolat, de la vanille, des pistaches, mais aussi être servie salée, avec du foie gras, des légumes, des épices, etc.

L'on pourra la retrouver dans un moule en porcelaine comme farcie dans un légume ou simplement disposée dans une assiette.
La réalisation est simple et sans excès de matériel. Les crèmes brûlées apporteront goût et originalité dans un goûter d'anniversaire, un repas entre amis, en famille ou à emporter. Qu'elles soient salées ou sucrées, elles feront toujours le bonheur des petits comme des grands et vous feront valoir de nombreux compliments.

À vos tabliers !

Histoire de la crème brûlée

L'histoire de cette crème provient du temps des rois et des châteaux du XVIIe siècle. Or, en ce siècle, on servait les plats à table en trois services. Le temps que chaque convive reçoive son plat, celui-ci était froid.

Au cours d'un repas organisé par Philippe d'Orléans, passionné de cuisine, qu'il avait lui-même pris soin de préparer en compagnie de François Massalot, son chef de l'époque, il se plaignit que sa crème était trop froide.

François eut alors l'idée d'appliquer un fer chaud sur le dessus de cette crème au sucre pour la réchauffer. Cette action eut comme résultat de caraméliser le dessus de la crème en surface sans réchauffer pour autant la crème en dessous, d'où le nom de « brûlée ».

Ce contraste a tellement plu à Philippe qu'il en redemanda… La crème brûlée était née !

Matériel de fabrication

Afin que vos crèmes brûlées soient réussies dans les meilleures conditions lors de vos réceptions, il vous faudra un minimum de matériel maniable, solide et avec un entretien facile, comme une balance, une casserole, un saladier, un fouet, une spatule en bois et une passoire fine.

Pour la cuisson, utilisez des ramequins individuels en porcelaine, par exemple, mais vous pouvez aussi vous servir d'un fruit ou d'un légume creusé comme support de cuisson afin d'obtenir davantage d'originalité et ainsi de surprendre vos invités.

Comme vous êtes certainement passionné par les crèmes brûlées, faites comme moi, n'hésitez pas à investir dans un chalumeau de cuisine. La caramélisation sera parfaite et sans réchauffer la crème.

Astuces gourmandes pour réussir vos crèmes brûlées

Avant de recevoir de nombreux compliments lors de la dégustation de vos crèmes brûlées salées ou sucrées, sachez que certaines astuces sont à prendre en compte telles les suivantes :

- Évitez de cuire au-dessus de 100 °C au four car ceci pourrait avoir comme conséquence d'obtenir une crème granuleuse.
- Épongez délicatement le dessus des crèmes afin d'enlever une éventuelle humidité due au passage dans le réfrigérateur. Cette étape importante permettra de réaliser une parfaite caramélisation bien craquante.
- La crème doit être bien froide (4 heures environ au réfrigérateur) avec un caramel bien chaud et croustillant en surface.
- La cuisson est terminée lorsque la crème est très légèrement tremblotante au centre. Le temps de cuisson va dépendre de la taille du ramequin.
- Si vous devez caraméliser avec le gril du four, pensez à mettre les crèmes dans de l'eau glacée afin de ne pas réchauffer la crème.

Quelques conseils sur les produits cités dans cet ouvrage

Les commerces regorgent de fruits, de légumes, d'épices et de bien d'autres produits de qualité, n'hésitez donc pas à demander conseil aux vendeurs, bouchers ou poissonniers de votre région pour obtenir le meilleur. Mais, si vous souhaitez réaliser des crèmes brûlées plus allégées, vous pouvez remplacer certains produits cités par d'autres moins gras comme ceux énumérés ci-dessous :

- Le lait de soja contient moins de matières grasses et peut remplacer le lait écrémé ou demi-écrémé que j'emploie dans ces recettes, mais ce dernier apporte des résultats nutritionnels plus légers que l'on retrouve moins dans le lait de soja.
- Le sucre peut être remplacé par du sucre allégé, ce dernier apportant deux fois moins de calories tout en ayant le même pouvoir sucrant car on ajoute des édulcorants de synthèse, aspartame et acésulfame (seul l'acésulfame supporte la chaleur et peut être utilisé pour sucrer les crèmes).
- Quant à la crème, on peut en utiliser une légère, épaisse ou liquide, qui ne contient que 12 à 15 % de matières grasses. Pour brûler les crèmes, appliquez par exemple de la cassonade pour la pâtisserie et de la vergeoise, qui est un sucre roux de betterave, pour la cuisine. Mais on peut aussi gratiner les crèmes avec d'autres ingrédients tels que le parmesan pour la cuisine ou de la noix de coco râpée pour la pâtisserie.

À vous de choisir !

La recette classique
en version salée, page 12

Crème brûlée

La carte salée

Les crèmes brûlées salées peuvent être plus élaborées, autrement dit, elles peuvent réclamer un peu plus de temps ou un peu plus d'argent (suivant les produits).
Ces crèmes brûlées apporteront goût et originalité à vos repas en famille ou entre amis. À vos fourneaux !

Pour 8 personnes
Recette facile
Recette peu coûteuse
Préparation : 15 minutes
Cuisson : 50 minutes
Repos : 4 heures

Ingrédients
80 cl de crème fraîche liquide
7 œufs
Sel, poivre.

La recette classique en version salée

1. Porter la crème à ébullition. Ajouter les œufs. Mixer puis filtrer avec une passoire fine. Ajouter la garniture de son choix. Mixer une seconde fois (facultatif). Assaisonner. Répartir la préparation dans 8 ramequins.
2. Cuire pendant 50 minutes à 100 °C (th. 3). Après la cuisson, laisser refroidir à température ambiante puis au réfrigérateur pendant 4 heures.
3. Avant de servir, faire caraméliser les crèmes avec un chalumeau ou sous le gril du four.

Astuce gourmande : ajoutez des garnitures pour transformer votre crème brûlée en un repas festif, exquis et original qui plaira à tous vos amis, famille et autres convives. À partir de cette recette classique de base, toute votre créativité peut prendre effet. Vous pouvez donc ajouter du sel pour la cuisine ou du sucre pour la pâtisserie. Ajoutez ensuite des garnitures pour transformer votre crème brûlée en un repas festif, exquis et original qui plaira à tous vos amis, famille et autres convives.

Pour 8 personnes
Recette très facile
Recette chère
Préparation : 25 minutes
Cuisson : 55 minutes
Repos : 4 heures

Ingrédients
70 cl de crème fraîche liquide
300 g de foie gras cru
6 œufs
8 figues séchées
Sel, poivre.

Crème brûlée au foie gras et aux figues

1. Porter la crème à ébullition, couper grossièrement le foie gras et l'ajouter à la crème, mixer une première fois.
2. Ajouter les œufs et mixer de nouveau, filtrer avec une passoire fine puis assaisonner.
3. Couper en petits cubes les figues séchées et les déposer dans 8 ramequins, verser la préparation par-dessus.
4. Cuire pendant 50 minutes à 100 °C (th. 3). Après la cuisson, laisser refroidir à température ambiante puis au réfrigérateur pendant 4 heures.
5. Avant de servir, faire caraméliser les crèmes avec un chalumeau ou sous le gril du four.

Astuce gourmande : vous pouvez accompagner cette délicieuse crème brûlée de mouillettes de pain d'épice.

Conseil : voici une recette originale pour vos repas de fin d'année.

Pour 8 personnes
Recette très facile
Recette peu coûteuse
Préparation : 50 minutes
Cuisson : 1 heure 15 minutes
Repos : 4 heures

Ingrédients
2 oranges non traitées
200 g de carottes
1 cuil. à café d'extrait de fleur d'oranger
70 cl de crème fraîche liquide
6 œufs
Sel, poivre.

Crème brûlée à la carotte et à l'orange

1. Récupérer les zestes des 2 oranges, enlever la partie blanchâtre qui pourrait rendre amère la préparation.
2. Éplucher les carottes, couper en rondelles et faire cuire 15 minutes environ à l'eau salée. Après la cuisson, rafraîchir à l'eau glacée. Les égoutter puis ajouter le jus des 2 oranges. Mixer et faire sécher ensuite la purée ainsi obtenue à la casserole avec une spatule en bois.
3. Tailler finement les zestes d'orange et les ajouter avec l'extrait de fleur d'oranger dans la purée de carottes. Continuer de bien faire sécher la purée à feu doux pendant 10 minutes.
4. Porter la crème à ébullition, ajouter la purée de carottes puis les œufs, mixer et filtrer ensuite dans une passoire fine. Rectifier l'assaisonnement.
5. Déposer la préparation dans 8 ramequins et cuire pendant 50 minutes à 100 °C (th. 3). Après la cuisson, laisser refroidir à température ambiante puis au réfrigérateur pendant 4 heures.
6. Avant de servir, faire caraméliser les crèmes avec un chalumeau ou sous le gril du four.

Astuce gourmande : faire refroidir les carottes dans de l'eau glacée après la cuisson permet de préserver une belle couleur orangée.

Conseil : pensez à bien faire sécher la purée de carottes avant de l'incorporer dans le reste de la préparation, c'est-à-dire de bien faire évaporer l'eau qu'elle contient.

Pour 8 personnes
Recette facile
Recette peu coûteuse
Préparation : 50 minutes
Cuisson : 1 heure 20 minutes
Repos : 4 heures

Ingrédients
10 gousses d'ail
70 cl de crème fraîche liquide
8 échalotes
1 cuil. à soupe d'huile d'olive
6 œufs
Sel, poivre.

Crème brûlée à l'ail et à l'échalote

1. Peler les gousses d'ail et enlever le germe si besoin est. Mettre les gousses d'ail dans une casserole remplie d'eau froide et faire bouillir. Répéter cette opération trois fois.
2. Porter la crème à ébullition et ajouter les gousses d'ail. Laisser cuire 10 minutes à feu doux.
3. Peler, émincer puis faire cuire les échalotes à la poêle avec l'huile d'olive pendant 10 minutes environ. Ajouter les échalotes dans la crème. Mixer, filtrer avec une passoire fine. Incorporer les œufs puis assaisonner.
4. Répartir la préparation dans 8 ramequins. Enfourner pour 50 minutes à 100 °C (th. 3). Après la cuisson, laisser refroidir à température ambiante puis au réfrigérateur pendant 4 heures.
5. Avant de servir, faire caraméliser les crèmes avec un chalumeau ou sous le gril du four.

Astuce gourmande : en faisant bouillir plusieurs fois à l'eau les gousses d'ail, vous éliminez leur amertume.

Conseil : certaines échalotes sont plus aromatiques que d'autres, comme les échalotes grises. À vous de choisir !

Pour 8 personnes
Recette très facile
Recette peu coûteuse
Préparation : 45 minutes
Cuisson : 1 heure 25 minutes
Repos : 4 heures

Ingrédients
4 gros oignons
70 cl de crème fraîche liquide
6 œufs
Sel, poivre.

Crème brûlée aux oignons confits

1. Peler et émincer finement les oignons. Les faire revenir à feu vif pendant 15 minutes environ. Après l'obtention d'une belle couleur brune, baisser le feu et laisser confire lentement pendant 15 minutes encore.
2. Faire chauffer la crème, ajouter les oignons confits puis mixer. Ajouter ensuite les œufs, mixer une nouvelle fois et filtrer dans une passoire fine. Assaisonner.
3. Répartir la préparation dans 8 ramequins et enfourner pour 50 minutes à 100 °C (th. 3). Après la cuisson, laisser refroidir à température ambiante puis au réfrigérateur pendant 4 heures.
4. Avant de servir, faire caraméliser les crèmes avec un chalumeau ou sous le gril du four.

Astuce gourmande : utilisez le sucre que contiennent les oignons pour les caraméliser et ainsi obtenir de beaux oignons émincés et confits naturellement avec une belle couleur brune et sans excès de matières grasses.

Conseil : il faut bien surveiller les oignons en début de cuisson car ils peuvent brûler très rapidement et rendre la préparation amère.

Pour 8 personnes
Recette difficile
Recette raisonnable
Préparation : 55 minutes
Cuisson : 1 heure
Repos : 4 heure

Ingrédients
24 asperges vertes
60 cl de crème fraîche liquide
5 œufs
100 g de parmesan en poudre
Sel, poivre.

Crème brûlée aux asperges vertes et au parmesan

1. Éplucher les asperges à l'aide d'un économe en ne gardant que les têtes, ficeler puis cuire à l'eau salée. Dès que la pointe d'un couteau s'enfonce sans difficulté, retirer les asperges et les tremper dans de l'eau glacée pendant quelques minutes. Réserver ensuite sur un papier absorbant. Récupérer les têtes d'asperge pour la décoration et émincer finement le reste.
2. Porter la crème à ébullition et, dès qu'elle est tiède, ajouter les asperges émincées, mixer puis filtrer à l'aide d'une passoire fine. Incorporer ensuite les œufs et assaisonner.
3. Superposer les têtes d'asperge dans 8 ramequins puis ajouter par-dessus la préparation liquide.
4. Cuire pendant 50 minutes à 100 °C (th. 3). Après la cuisson, laisser refroidir à température ambiante puis au réfrigérateur pendant 4 heures.
5. Avant de servir, mettre le parmesan en poudre sur les crèmes puis les faire caraméliser avec un chalumeau ou sous le gril du four.

Astuce gourmande : vous pouvez ajouter en début de cuisson une toute petite botte de 3 têtes d'asperge maintenue par une branche de ciboulette cuite. Cela apportera de l'originalité et surprendra à coup sûr vos invités.

Conseil : pour conserver la couleur et la texture des asperges, il faut les faire cuire aussi peu de temps que possible.

Crème brûlée à l'avocat

Pour 8 personnes
Recette très facile
Recette peu coûteuse
Préparation : 25 minutes
Cuisson : 50 minutes
Repos : 4 heures

Ingrédients
3 avocats bien mûrs
Le jus de 2 citrons jaunes
70 cl de crème fraîche liquide
6 œufs
Sel, poivre.

1. Éplucher puis tailler les avocats en dés, mixer avec le jus des 2 citrons jaunes.
2. Faire chauffer la crème. Éteindre dès la première ébullition et incorporer délicatement la purée d'avocats, mélanger. Ajouter ensuite les œufs, assaisonner et répartir la préparation dans 8 ramequins.
3. Cuire pendant 50 minutes à 100 °C (th. 3). Après la cuisson, laisser refroidir à température ambiante puis au réfrigérateur pendant 4 heures.
4. Avant de servir, faire caraméliser les crèmes avec un chalumeau ou sous le gril du four.

Astuce gourmande : le jus de citron permet à la purée d'avocats de ne pas noircir.

Conseil : en entrée froide, vous pouvez accompagner cette crème brûlée avec une belle salade sur le thème de la mer. En garniture, elle accompagnera très bien un poisson grillé.

Crème brûlée de poireaux à l'amande

Pour 8 personnes
Recette très facile
Recette peu coûteuse
Préparation : 40 minutes
Cuisson : 1 heure 05 minutes
Repos : 4 heures

Ingrédients
2 poireaux
2 cuil. à soupe d'huile d'olive
70 cl de crème fraîche liquide
6 œufs
2 cuil. à soupe d'huile d'argan
100 g de poudre d'amande
Sel, poivre.

1. Émincer finement les 2 poireaux. Laver, égoutter puis faire revenir dans une casserole avec l'huile d'olive. Laisser cuire 15 minutes environ. Rafraîchir puis égoutter après la cuisson.
2. Porter la crème à ébullition et ajouter le poireau. Mixer puis filtrer à l'aide d'une passoire fine. Incorporer les œufs et l'huile d'argan. Assaisonner.
3. Répartir la préparation dans 8 ramequins. Cuire pendant 50 minutes à 100 °C (th. 3). Après la cuisson, laisser refroidir à température ambiante puis au réfrigérateur pendant 4 heures.
4. Avant de servir, déposer la poudre d'amande au-dessus des crèmes bien froides avant de les brûler avec un chalumeau ou sous le gril du four.

Astuce gourmande : cette crème brûlée fera une excellente garniture avec des coquillages, crustacés ou autres fruits de mer, apportant douceur, parfum et originalité.

Conseil : pensez à bien rafraîchir le poireau à l'eau glacée afin de préserver sa couleur verte.

Crème brûlée
à l'avocat

Crème brûlée aux champignons, aux pignons de pin et aux olives noires

Pour 8 personnes
Recette facile
Recette raisonnable
Préparation : 1 heure
Cuisson : 1 heure 10 minutes
Repos : 4 heures

Ingrédients
50 g de pignons de pin
2 échalotes
1 cuil. à soupe d'huile d'olive
140 g de champignons de Paris entiers
70 cl de crème fraîche liquide
50 g d'olives noires
6 œufs
Sel, poivre.

1. *Torréfier les pignons de pin à la poêle jusqu'à obtention d'une couleur brune.*
2. *Peler, émincer puis faire revenir les échalotes dans une casserole avec l'huile d'olive.*
3. *Éplucher, émincer puis laver les champignons de Paris et les ajouter à la préparation en cours. Laisser cuire 15 minutes environ jusqu'à l'évaporation totale de l'eau de végétation. Crémer puis porter à ébullition. Mixer légèrement.*
4. *Dénoyauter puis émincer les olives noires et les ajouter avec les œufs et les pignons de pin à la préparation puis assaisonner.*
5. *Répartir la préparation dans 8 ramequins, cuire pendant 50 minutes à 100 °C (th. 3). Après la cuisson, laisser refroidir à température ambiante puis au réfrigérateur pendant 4 heures.*
6. *Avant de servir, faire caraméliser les crèmes avec un chalumeau ou sous le gril du four.*

Astuce gourmande : *la torréfaction permet de développer les arômes des pignons de pin en les faisant griller légèrement à la poêle.*

Conseil : *cette crème brûlée réchauffera vos plats d'hiver.*

Pour 8 personnes
Recette facile
Recette peu coûteuse
Préparation : 1 heure 10 minutes
Cuisson : 50 minutes
Repos : 4 heures

Ingrédients
3 poivrons rouges
3 tomates
2 échalotes
1 cuil. à soupe d'huile d'olive
1 cuil. à soupe de concentré de tomates
70 cl de crème fraîche liquide
6 œufs
Sel, poivre.

Crème brûlée de poivrons rouges et de tomates

1. Éplucher à l'aide d'un économe les poivrons rouges. Les épépiner puis les tailler en petits cubes. Éplucher les tomates en les incisant d'une croix puis les plonger dans de l'eau en ébullition. Rafraîchir aussitôt dans de l'eau glacée. Épépiner les tomates puis les tailler en petits cubes.
2. Peler, émincer puis faire suer les échalotes dans une casserole avec l'huile d'olive, ajouter les tomates et les poivrons rouges ainsi que le concentré de tomates. Cuire le tout à feu moyen pendant 30 à 40 minutes, bien faire sécher.
3. Porter la crème à ébullition puis ajouter les poivrons. Ajouter ensuite les œufs et assaisonner.
4. Répartir la préparation dans 8 ramequins. Cuire pendant 50 minutes à 100 °C (th. 3). Après la cuisson, laisser refroidir à température ambiante puis au réfrigérateur pendant 4 heures.
5. Avant de servir, faire caraméliser les crèmes avec un chalumeau ou sous le gril du four.

Astuce gourmande : le basilic est une herbe aromatique qui s'associe très bien avec la tomate et le poivron ; accompagnez ces crèmes de fines tranches de mozzarella, vous obtiendrez une merveilleuse entrée.

Conseil : faites bien sécher la concassée de tomates et de poivrons afin de bien éliminer leur eau.

Crème brûlée au potiron

Pour 8 personnes
Recette facile
Recette raisonnable
Préparation : 45 minutes
Cuisson : 1 heure 25 minutes
Repos : 4 heures

Ingrédients
400 g de potiron
2 oignons
1 cuil. à soupe d'huile d'olive
70 cl de crème fraîche liquide
6 œufs
Sel, poivre.

1. Éplucher puis tailler le potiron en gros cubes. Peler puis émincer les oignons, les faire revenir dans une casserole avec l'huile d'olive. Ajouter ensuite les cubes de potiron ainsi qu'une pincée de sel.
2. Porter la crème à ébullition et ajouter avec les cubes de potiron. Laisser cuire 30 minutes à feu moyen. Mixer, filtrer puis refroidir aussitôt. Dès que la préparation est froide, ajouter les œufs et rectifier l'assaisonnement.
3. Répartir la préparation dans 8 ramequins, cuire pendant 50 minutes à 100 °C (th. 3). Après la cuisson, laisser refroidir à température ambiante puis au réfrigérateur pendant 4 heures.
4. Avant de servir, faire caraméliser les crèmes avec un chalumeau ou sous le gril du four.

Astuce gourmande : ajouter le sel en début de cuisson avec le potiron a pour but de faire sortir l'eau que ce dernier contient.

Conseil : la réglisse s'associe très bien avec le potiron, essayez, vous en serez satisfait !

Pour 8 personnes
Recette très facile
Recette raisonnable
Préparation : 25 minutes
Cuisson : 50 minutes
Repos : 4 heures

Ingrédients
70 cl de crème fraîche liquide
8 tranches de jambon cru de Parme
6 œufs
40 tomates cerise
100 g de parmesan en poudre
Sel, poivre.

Crème brûlée aux tomates cerise et au jambon de Parme

1. Porter la crème à ébullition.
2. Couper en fines lamelles les tranches de jambon cru et les ajouter dans la crème. Ajouter les œufs dans la préparation et assaisonner, mixer légèrement.
3. Laver puis déposer les tomates cerise dans 8 ramequins. Répartir la préparation par-dessus et cuire pendant 50 minutes à 100 °C (th. 3). Après la cuisson, laisser refroidir à température ambiante puis au réfrigérateur pendant 4 heures.
4. Au moment de servir, mettre le parmesan en poudre sur les crèmes et faire caraméliser avec un chalumeau ou sous le gril du four.

Astuce gourmande : vous pouvez accompagner cette crème brûlée aux senteurs italiennes de gressins aux olives.

Conseil : crème brûlée rapide et délicieuse pour vos repas de dernière minute.

Pour 8 personnes
Recette très facile
Recette chère
Préparation : 25 minutes
Infusion : 20 minutes
Cuisson : 50 minutes
Repos : 4 heures

Ingrédients
80 cl de crème fraîche liquide
60 g de truffe fraîche
7 œufs
Sel, poivre.

Crème brûlée à la truffe

1. Porter la crème à ébullition. Retirer la crème du feu, émietter la truffe et l'ajouter. Laisser infuser 20 minutes. Ajouter les œufs puis assaisonner.
2. Répartir la préparation dans 8 ramequins, enfourner pour 50 minutes à 100 °C (th. 3). Après la cuisson, laisser refroidir à température ambiante puis au réfrigérateur pendant 4 heures.
3. Avant de servir, faire caraméliser les crèmes avec un chalumeau ou sous le gril du four.

Astuce gourmande : vous pouvez enfermer les œufs avec la truffe dans une boîte hermétique au réfrigérateur. Cette manipulation aura pour but de parfumer les œufs qui seront utilisés pour la crème. Le parfum de la truffe sera encore plus développé lors de la dégustation.

Conseil : ne lavez pas la truffe fraîche mais brossez-la si cela est nécessaire.

Crème brûlée aux tomates cerise et au jambon de Parme, *page 27*

Crème brûlée
à la truffe,
page 27

Pour 8 personnes
Recette très facile
Recette raisonnable
Préparation : 1 heure
Cuisson : 1 heure 20 minutes
Repos : 4 heures

Ingrédients
80 cl de crème fraîche liquide
10 gousses d'ail
20 cl d'huile d'olive
1 brousse fraîche
6 œufs
Sel, poivre.

Crème brûlée à la brousse fraîche et à l'ail confit

1. Porter la crème à ébullition.
2. Peler et mettre l'ail dans une casserole d'eau froide, faire bouillir et recommencer cette opération trois fois. Finir la cuisson de l'ail dans 20 cl d'huile d'olive. Laisser confire à feu doux pendant 30 minutes. Égoutter ensuite les gousses d'ail et les ajouter à la crème. Mixer, filtrer.
3. Écraser la brousse fraîche avec une fourchette. Ajouter les œufs puis assaisonner. Ajouter ensuite la crème, mélanger.
4. Répartir la préparation dans 8 ramequins. Enfourner pour 50 minutes à 100 °C (th. 3). Après la cuisson, laisser refroidir à température ambiante puis au réfrigérateur pendant 4 heures.
5. Avant de servir, faire caraméliser les crèmes avec un chalumeau ou sous le gril du four.

Astuce gourmande : vous pouvez réaliser ces crèmes brûlées dans des minipoivrons aux trois couleurs. Surveillez bien le temps de cuisson, qui sera différent de celui indiqué dans la recette.

Conseil : vous pouvez accompagner cette crème brûlée d'une ratatouille aux aromates et d'une viande froide, par exemple lors d'un pique-nique.

Crème brûlée au roquefort

Pour 8 personnes
Recette très facile
Recette raisonnable
Préparation : 25 minutes
Cuisson : 50 minutes
Repos : 4 heures

Ingrédients
150 g de roquefort
70 cl de crème fraîche liquide
6 œufs
Sel, poivre.

1. Couper le roquefort en dés. Porter la crème à ébullition puis éteindre à la première ébullition. Incorporer ensuite délicatement le roquefort.
2. Ajouter les œufs et mélanger. Répartir la préparation dans 8 ramequins et rectifier l'assaisonnement si besoin est.
3. Cuire pendant 50 minutes à 100 °C (th. 3). Après la cuisson, laisser refroidir à température ambiante puis au réfrigérateur pendant 4 heures.
4. Avant de servir, faire caraméliser les crèmes avec un chalumeau ou sous le gril du four.

Astuce gourmande : vous pouvez remplacer le traditionnel plateau de fromage par cette délicieuse crème brûlée accompagnée de mouillettes à la noix ou à la noisette.

Conseil : un roquefort de qualité se reconnaît grâce à un beau blanc bien onctueux et à un persillé bien réparti ; il doit, lors du coupage en dés, ne pas trop s'émietter.

Crème brûlée au chèvre et au miel

Pour 8 personnes
Recette très facile
Recette raisonnable
Préparation : 30 minutes
Cuisson : 50 minutes
Repos : 4 heures

Ingrédients
80 cl de crème fraîche liquide
200 g de chèvre
80 g de miel
6 œufs
Sel.

1. Porter la crème à ébullition, couper grossièrement le chèvre et l'ajouter avec le miel. Ajouter les œufs et une pincée de sel, mixer le tout puis filtrer à l'aide d'une passoire fine.
2. Répartir la préparation dans 8 ramequins. Cuire pendant 50 minutes à 100 °C (th. 3). Après la cuisson, laisser refroidir à température ambiante puis au réfrigérateur pendant 4 heures.
3. Avant de servir, faire caraméliser les crèmes avec un chalumeau ou sous le gril du four.

Astuce gourmande : vous pouvez ajouter une belle tête de basilic, par exemple, pour parfumer et décorer votre crème pour vos repas en famille ou entre amis.

Conseil : un fromage de qualité ne doit jamais avoir un goût piquant ni un excès de sel.

Crème brûlée au roquefort

Pour 8 personnes
Recette très facile
Recette chère
Préparation : 45 minutes
Cuisson : 1 heure
Repos : 4 heures

Ingrédients
6 feuilles de nori (algues séchées noires japonaises)
24 coques
24 moules
4 échalotes
70 cl de crème fraîche liquide
1/2 botte de persil
6 œufs
Sel, poivre.

Crème brûlée aux algues et aux coquillages

1. Mettre les feuilles de nori à tremper dans de l'eau.
2. Laver et ébarber les coquillages. Peler, émincer puis faire revenir 2 échalotes, ajouter les coques et couvrir, laisser cuire quelques minutes jusqu'à ce que les coques s'ouvrent. Répéter cette opération avec les moules. Décortiquer ensuite les coquillages.
3. Faire chauffer la crème et stopper dès la première ébullition. Effeuiller, hacher finement puis ajouter le persil avec les œufs. Mixer et filtrer à l'aide d'une passoire fine. Poivrer légèrement.
4. Émincer les feuilles de nori et les ajouter à la crème. Déposer les coquillages au fond de 8 ramequins, verser par-dessus la préparation liquide.
5. Cuire pendant 50 minutes à 100 °C (th. 3). Après la cuisson, laisser refroidir à température ambiante puis au réfrigérateur pendant 4 heures.
6. Avant de servir, faire caraméliser les crèmes avec un chalumeau ou sous le gril du four.

Astuce gourmande : la nori possède une saveur parfumée et relevée, cette crème brûlée pourra très bien accompagner un poisson grillé au barbecue.

Conseil : il existe une grande variété de feuilles de nori, certaines pouvant être très chères ; mais, pour réaliser cette recette, vous pouvez acheter dans une épicerie fine les feuilles de nori servant à la fabrication des sushis.

Pour 8 personnes
Recette facile
Recette chère
Préparation : 30 minutes
Cuisson : 50 minutes
Repos : 4 heures

Ingrédients
2 échalotes
1/2 botte de ciboulette fraîche
200 g de chair de crabe
2 citrons jaunes
75 cl de crème fraîche liquide
6 œufs
Sel, poivre.

Crème brûlée à la chair de crabe

1. Peler puis hacher les échalotes, émincer finement la ciboulette, émietter la chair de crabe et presser le jus des 2 citrons jaunes. Mélanger tous ces ingrédients et ajouter une pincée de sel et le poivre. Déposer la farce au fond de 8 ramequins.
2. Faire tiédir la crème puis ajouter les œufs, l'assaisonnement et mixer. Déposer ce mélange par-dessus la farce.
3. Cuire pendant 50 minutes à 100 °C (th. 3). Après la cuisson, laisser refroidir à température ambiante puis au réfrigérateur pendant 4 heures.
4. Avant de servir, faire caraméliser les crèmes avec un chalumeau ou sous le gril du four.

Astuce gourmande : *vous pouvez ajouter une pince de crabe plantée dans la crème en début de cuisson afin d'ajouter de l'originalité et ainsi de surprendre vos invités, par exemple lors d'une réception professionnelle à domicile.*

Conseil : *si vous utilisez de la chair de crabe surgelée, pensez à bien l'égoutter pendant plusieurs heures afin d'éliminer toute l'eau.*

Pour 8 personnes
Recette très facile
Recette raisonnable
Préparation : 35 minutes
Cuisson : 55 minutes
Repos : 4 heures

Ingrédients
200 g de courgettes
2 cuil. à soupe d'huile d'olive
3 tranches de saumon fumé
70 cl de crème fraîche liquide
6 œufs
80 g de parmesan en poudre
Sel, poivre.

Crème brûlée au saumon fumé et à la courgette

1. Laver puis tailler en petits cubes les courgettes. Faire revenir à la poêle avec l'huile d'olive. Tailler finement les tranches de saumon fumé.
2. Porter la crème à ébullition. Dès qu'elle est tiède, ajouter les œufs et assaisonner.
3. Déposer les garnitures dans 8 ramequins puis ajouter par-dessus la préparation liquide. Cuire pendant 50 minutes à 100 °C (th. 3). Après la cuisson, laisser refroidir à température ambiante puis au réfrigérateur pendant 4 heures.
4. Avant de servir, disposer le parmesan en poudre au-dessus des crèmes et faire caraméliser avec un chalumeau ou sous le gril du four.

Astuce gourmande : *vous pouvez réaliser cette crème brûlée dans une courgette ronde, creusée et déjà précuite. Adaptez le temps de cuisson en fonction de la taille de la courgette.*

Conseil : *très appréciée en été, cette crème brûlée pourra se servir tant froide que tiède.*

Pour 8 personnes
Recette difficile
Recette chère
Préparation : 45 minutes
Cuisson : 50 minutes
Repos : 4 heures

Ingrédients
2 soles
70 cl de crème fraîche liquide
6 œufs
Une pointe de safran
Sel, poivre.

Crème brûlée à la sole et au safran

1. Enlever la peau puis lever les filets des soles. Couper grossièrement la chair et mixer au robot délicatement. Ajouter une pincée de sel puis incorporer petit à petit la crème froide.
2. Filtrer la préparation dans une passoire et incorporer les œufs et le safran. Assaisonner.
3. Répartir la préparation dans 8 ramequins. Cuire pendant 50 minutes à 100 °C (th. 3). Après la cuisson, laisser refroidir à température ambiante puis au réfrigérateur pendant 4 heures.
4. Avant de servir, faire caraméliser les crèmes avec un chalumeau ou sous le gril du four.

Astuce gourmande : *vous pouvez accompagner cette onctueuse crème brûlée de riz et d'un bol de salade à l'ail.*

Conseil : *sortez le poisson frais au dernier moment du réfrigérateur afin d'obtenir une bonne tenue et une homogénéité de la chair.*

Crème brûlée
au saumon fumé
et à la courgette

Pour 8 personnes
Recette difficile
Recette raisonnable
Préparation : 40 minutes
Cuisson : 1 heure 05 minutes
Repos : 4 heures

Ingrédients
1 oignon
50 g de lard fumé
5 gros artichauts
1 citron
70 cl de crème fraîche liquide
6 œufs
Sel, poivre.

Crème brûlée aux artichauts et au lard fumé

1. *Peler, émincer puis faire suer l'oignon. Tailler finement le lard puis l'ajouter avec l'oignon.*
2. *Tourner les artichauts, les frotter avec un citron coupé en deux afin d'éviter qu'ils noircissent puis les couper en quatre et les ajouter à la préparation en cours. Mouiller avec la crème puis laisser cuire 10 à 15 minutes à feu moyen. Mixer, filtrer puis ajouter les œufs et une pincée de sel et de poivre.*
3. *Répartir la préparation dans 8 ramequins. Cuire pendant 50 minutes à 100 °C (th. 3). Laisser refroidir à température ambiante puis au réfrigérateur pendant 4 heures.*
4. *Avant de servir, faire caraméliser les crèmes avec un chalumeau ou sous le gril du four.*

Astuce gourmande : *l'artichaut cuit s'oxyde très vite, veillez donc à cuire les crèmes rapidement.*

Conseil : *tourner les artichauts est une technique qui consiste à enlever la queue puis les feuilles aux deux tiers, à rogner le pourtour puis à enlever le foin. Pas besoin de tourner les artichauts avec trop de précision et de régularité car ils seront mixés.*

Crème brûlée au chorizo

Pour 8 personnes
Recette très facile
Recette peu coûteuse
Préparation : 25 minutes
Cuisson : 50 minutes
Repos : 4 heures

Ingrédients
100 g de chorizo
80 cl de crème fraîche liquide
6 œufs
Sel, poivre.

1. Éplucher puis couper le chorizo en dés.
2. Faire chauffer la crème, éteindre dès la première ébullition puis incorporer le chorizo. Mixer et filtrer à l'aide d'une passoire fine. Ajouter les œufs et une pincée de sel et de poivre.
3. Répartir ensuite la préparation dans 8 ramequins. Enfourner pour 50 minutes à 100 °C (th. 3). Après la cuisson, laisser refroidir à température ambiante puis au réfrigérateur pendant 4 heures.
4. Avant de servir, faire caraméliser les crèmes avec un chalumeau ou sous le gril du four.

Astuce gourmande : vous pouvez ajouter des épices ou des herbes aromatiques dans la crème afin de développer le parfum. Vous pouvez servir ces crèmes brûlées en apéritif avec des gressins.

Crème brûlée au poulet et à l'estragon

Pour 8 personnes
Recette facile
Recette peu coûteuse
Préparation : 50 minutes
Infusion : 10 minutes
Cuisson : 1 heure 10 minutes
Repos : 4 heures

Ingrédients
4 blancs de poulet fermier
1 oignon
2 cuil. à soupe d'huile d'arachide
20 feuilles d'estragon frais
70 cl de crème fraîche liquide
5 œufs
Sel, poivre.

1. Couper les blancs de poulet en petits dés. Peler et émincer l'oignon puis le faire revenir à la poêle avec l'huile d'arachide, ajouter les blancs de poulet finement taillés et laisser cuire 10 minutes environ. Une fois le poulet cuit, le déposer au fond de 8 ramequins.
2. Laver puis émincer l'estragon, porter la crème à ébullition puis ajouter l'estragon haché. Faire infuser dans la crème pendant 10 minutes. Mixer, filtrer puis incorporer les œufs et terminer par une pincée de sel et de poivre.
3. Répartir la préparation par-dessus le poulet. Cuire pendant 50 minutes à 100 °C (th. 3). Après la cuisson, laisser refroidir à température ambiante puis au réfrigérateur pendant 4 heures.
4. Avant de servir, faire caraméliser les crèmes avec un chalumeau ou sous le gril du four.

Astuce gourmande : afin d'apporter un goût plus prononcé de grillé, vous pouvez rôtir 1 poulet entier farci d'aromates (ail, thym, romarin, etc.) pendant 1 heure environ.

Crème brûlée
aux artichauts
et au lard fumé,
page 40

Crème brûlée au chorizo, page 41

La recette classique
en version sucrée, page 46

Crème brûlée

La carte sucrée

Les crèmes brûlées sucrées proposées apporteront à vos repas, goûters ou toute autre réception organisée une merveilleuse touche sucrée pour vos fins de repas. À vous de jouer !

Pour 8 personnes
Recette facile
Recette peu coûteuse
Préparation : 30 minutes
Cuisson : 55 minutes
Repos : 4 heures

Ingrédients
40 cl de lait
60 cl de crème fraîche liquide
8 jaunes d'œufs
170 g de sucre en poudre
80 g de cassonade.

La recette classique en version sucrée

1. *Porter à ébullition le lait avec la crème.*
2. *Mélanger les jaunes d'œufs avec le sucre puis verser par-dessus le mélange lait et crème petit à petit en délayant bien.*
3. *Répartir la préparation dans 8 ramequins et cuire pendant 55 minutes à 100 °C (th. 3). Après la cuisson, laisser refroidir à température ambiante puis au réfrigérateur pendant 4 heures.*
4. *Avant de servir, saupoudrer chaque ramequin de cassonade puis les caraméliser avec un chalumeau ou sous le gril du four.*

***Astuce gourmande :** la crème brûlée sucrée est à la base tout simplement un mélange de lait, de crème et d'œufs, à vous d'exprimer votre créativité en ajoutant les ingrédients qui vous plaisent.*

***Conseil :** sachez que le temps de cuisson peut varier selon la taille du moule.*

Crème brûlée à la banane

Pour 8 personnes
Recette très facile
Recette peu coûteuse
Préparation : 40 minutes
Infusion : 15 minutes
Cuisson : 55 minutes
Repos : 4 heures

Ingrédients
35 cl de lait
50 cl de crème fraîche liquide
4 bananes
Le jus de 1 citron vert
8 jaunes d'œufs
170 g de sucre en poudre
80 g de cassonade.

1. Porter à ébullition le lait avec la crème. Éplucher et couper les bananes grossièrement puis mixer avec le jus de citron vert, le lait et la crème. Laisser infuser 15 minutes puis filtrer à l'aide d'une passoire fine.
2. Mélanger les jaunes d'œufs avec le sucre puis verser par-dessus le mélange lait et crème petit à petit en délayant bien.
3. Répartir la préparation dans 8 ramequins et cuire pendant 50 minutes à 100 °C (th. 3). Après la cuisson, laisser refroidir à température ambiante puis au réfrigérateur pendant 4 heures.
4. Avant de servir, saupoudrer chaque ramequin de cassonade puis les caraméliser avec un chalumeau ou sous le gril du four.

Astuce gourmande : vous pouvez aussi poêler les bananes avec un peu de sucre et de beurre, voire les flamber avec un peu de rhum si vous voulez développer les arômes.

Conseil : vous pouvez varier les plaisirs en employant une autre variété de sucre à la place de la cassonade.

Crème brûlée au citron

Pour 8 personnes
Recette facile
Recette peu coûteuse
Préparation : 1 heure 15 minutes
Infusion : 30 minutes
Cuisson : 55 minutes
Repos : 4 heures

Ingrédients
2 citrons verts non traités
40 cl de lait
60 cl de crème fraîche liquide
9 jaunes d'œufs
180 g de sucre en poudre
80 g de cassonade.

1. Récupérer les zestes et le jus des 2 citrons verts. Enlever la partie blanchâtre. Tailler ensuite finement les zestes et les mettre dans une casserole avec le lait, la crème et le jus des 2 citrons. Porter à ébullition puis laisser infuser 30 minutes. Mixer et filtrer le mélange à l'aide d'une passoire fine.
2. Mélanger les jaunes d'œufs avec le sucre puis verser par-dessus le mélange lait et crème petit à petit en délayant bien.
3. Répartir la préparation dans 8 ramequins et enfourner pour 50 minutes à 100 °C (th. 3). Après la cuisson, laisser refroidir à température ambiante puis au réfrigérateur pendant 4 heures.
4. Avant de servir, saupoudrer chaque ramequin de cassonade puis les caraméliser avec un chalumeau ou sous le gril du four.

Astuce gourmande : vous pouvez ajouter avec le citron vert 1 cuillerée à café de gingembre frais haché grossièrement. Ces deux ingrédients s'associent très bien.

Conseil : enlevez bien la partie blanchâtre du zeste, appelée ziste, qui pourrait rendre amère votre préparation.

Pour 8 personnes
Recette facile
Recette raisonnable
Préparation : 50 minutes
Infusion : 15 minutes
Cuisson : 1 heure
Repos : 4 heures

Ingrédients
80 g d'abricots secs
130 g d'amandes effilées
40 cl de lait
50 cl de crème fraîche liquide
8 jaunes d'œufs
170 g de sucre en poudre
80 g de cassonade.

Crème brûlée à l'amande et à l'abricot

1. *Couper grossièrement les abricots secs. Faire griller les amandes au four à 190 °C (th. 6-7) pendant quelques minutes.*
2. *Porter à ébullition le lait et la crème puis ajouter les amandes effilées grillées, laisser infuser 15 minutes. Mixer puis filtrer le mélange à l'aide d'une passoire très fine.*
3. *Mélanger les jaunes d'œufs avec le sucre puis verser par-dessus le mélange lait et crème petit à petit en délayant bien.*
4. *Répartir la préparation dans 8 ramequins et cuire pendant 50 minutes à 100 °C (th. 3). Après la cuisson, laisser refroidir à température ambiante puis au réfrigérateur pendant 4 heures.*
5. *Avant de servir, saupoudrer chaque ramequin de cassonade puis les caraméliser avec un chalumeau ou sous le gril du four.*

Astuce gourmande : vous pouvez ajouter quelques amandes effilées au-dessus de la crème pour la brûler.

Conseil : vous pouvez faire griller les amandes effilées au four avant de les ajouter dans la préparation afin de développer les arômes.

Pour 8 personnes
Recette très facile
Recette raisonnable
Préparation : 25 minutes
Infusion : 10 minutes
Cuisson : 55 minutes
Repos : 4 heures

Ingrédients
1 barquette de fraises
Le jus de 1 citron
1/2 botte de basilic frais
30 cl de lait
50 cl de crème fraîche liquide
8 jaunes d'œufs
170 g de sucre en poudre
80 g de cassonade.

Crème brûlée à la fraise et au basilic

1. Équeuter, laver puis couper grossièrement les fraises, ajouter le jus de citron et les feuilles de basilic.
2. Porter à ébullition le lait et la crème, mixer avec les fraises et le basilic puis laisser infuser 10 minutes. Filtrer le mélange dans une passoire très fine.
3. Mélanger les jaunes d'œufs avec le sucre puis verser par-dessus le mélange lait et crème petit à petit en délayant bien.
4. Répartir la préparation dans 8 ramequins et enfourner pour 50 minutes à 100 °C (th. 3). Après la cuisson, laisser refroidir à température ambiante puis au réfrigérateur pendant 4 heures.
5. Avant de servir, saupoudrer chaque ramequin de cassonade puis les caraméliser avec un chalumeau ou sous le gril du four.

Astuce gourmande : vous pouvez remplacer le basilic frais par une autre variété comme le basilic thaï, qui évoque à la fois la menthe et le clou de girofle.

Conseil : pour conserver le plus longtemps possible votre basilic, sachez que celui-ci craint le froid et ne résiste pas si la température descend en dessous de 10 °C.

Pour 8 personnes
Recette très facile
Recette raisonnable
Préparation : 35 minutes
Infusion : 15 minutes
Cuisson : 55 minutes
Repos : 4 heures

Ingrédients
100 g de chocolat blanc
40 cl de lait
60 cl de crème fraîche liquide
6 gouttes d'essence de bergamote
8 jaunes d'œufs
170 g de sucre en poudre
80 g de cassonade.

Crème brûlée au chocolat blanc et à la bergamote

1. *Concasser puis faire fondre le chocolat blanc dans le lait et la crème. Ajouter les gouttes d'essence de bergamote. Laisser infuser pendant 15 minutes.*
2. *Mélanger les jaunes d'œufs avec le sucre puis verser par-dessus le mélange lait et crème petit à petit en délayant bien.*
3. *Répartir la préparation dans 8 ramequins, cuire pendant 50 minutes à 100 °C (th. 3). Après la cuisson, laisser refroidir à température ambiante puis au réfrigérateur pendant 4 heures.*
4. *Avant de servir, saupoudrer chaque ramequin de cassonade puis les caraméliser avec un chalumeau ou sous le gril du four.*

Astuce gourmande : *le thé Earl Grey est un thé parfumé à la bergamote, vous pouvez donc faire infuser ce thé dans le lait et la crème si vous ne trouvez pas l'essence de bergamote.*

Conseil : *pensez à bien respecter la température de cuisson car au-dessus de 100 °C la crème pourrait devenir granuleuse.*

Pour 8 personnes
Recette facile
Recette peu coûteuse
Préparation : 30 minutes
Infusion : 15 minutes
Cuisson : 55 minutes
Repos : 4 heures

Ingrédients
1 barquette de framboises
40 cl de lait
60 cl de crème fraîche liquide
9 jaunes d'œufs
170 g de sucre en poudre
80 g de cassonade.

Crème brûlée à la framboise

1. *Laver les framboises et les mettre dans une casserole avec le lait et la crème. Porter à ébullition puis laisser infuser 15 minutes. Mixer puis filtrer le mélange à l'aide d'une passoire.*
2. *Mélanger les jaunes d'œufs avec le sucre puis verser par-dessus le mélange lait et crème petit à petit en délayant bien.*
3. *Répartir la préparation dans 8 ramequins et enfourner pour 50 minutes à 100 °C (th. 3). Après la cuisson, laisser refroidir à température ambiante puis au réfrigérateur pendant 4 heures.*
4. *Avant de servir, saupoudrer chaque ramequin de cassonade puis les caraméliser avec un chalumeau ou sous le gril du four.*

Astuce gourmande : *vous pouvez garder quelques framboises entières afin de les ajouter dans les ramequins pour la cuisson.*

Conseil : *adaptez le temps de cuisson en fonction de la taille des ramequins.*

Pour 8 personnes
Recette très facile
Recette peu coûteuse
Préparation : 30 minutes
Infusion : 15 minutes
Cuisson : 55 minutes
Repos : 4 heures

Ingrédients
40 cl de lait
60 cl de crème fraîche liquide
4 cuil. à soupe de fleurs de lavande
9 jaunes d'œufs
170 g de sucre en poudre
80 g de cassonade.

Crème brûlée à la lavande

1. Faire chauffer le lait et la crème puis à la première ébullition ajouter les fleurs de lavande. Laisser infuser pendant 15 minutes puis filtrer le mélange à l'aide d'une passoire fine.
2. Mélanger les jaunes d'œufs avec le sucre puis verser par-dessus le mélange lait et crème petit à petit en délayant bien.
3. Répartir la préparation dans 8 ramequins et cuire pendant 50 minutes à 100 °C (th. 3). Après la cuisson, laisser refroidir à température ambiante puis au réfrigérateur pendant 4 heures.
4. Avant de servir, saupoudrer chaque ramequin de cassonade puis les caraméliser avec un chalumeau ou sous le gril du four.

Astuce gourmande : *plus l'infusion est longue, plus le parfum de la lavande sera fort, mais retirez avant que l'amertume ne soit trop prononcée.*

Conseil : *pour celles et ceux qui ne possèdent pas de chalumeau, les crèmes brûlées peuvent être caramélisées à l'aide d'un four en position gril ; mettez les crèmes brûlées dans une plaque avec de l'eau glacée à mi-hauteur afin de ne pas réchauffer la crème.*

Crème brûlée au chocolat blanc et à la bergamote, *page 52*

Crème brûlée
à la lavande,
page 53

Pour 8 personnes
Recette très facile
Recette peu coûteuse
Préparation : 55 minutes
Infusion : 30 minutes
Cuisson : 55 minutes
Repos : 4 heures

Ingrédients
1 botte de menthe fraîche
50 cl de lait
50 cl de crème fraîche liquide
9 jaunes d'œufs
180 g de sucre en poudre
80 g de cassonade.

Crème brûlée à la menthe

1. *Effeuiller, laver et émincer grossièrement les feuilles de menthe. Porter à ébullition le lait et la crème puis ajouter la menthe. Laisser infuser 30 minutes. Mixer puis filtrer le mélange à l'aide d'une passoire fine.*
2. *Mélanger les jaunes d'œufs avec le sucre puis verser par-dessus le mélange lait et crème petit à petit en délayant bien.*
3. *Répartir la préparation dans 8 ramequins et cuire pendant 50 minutes à 100 °C (th. 3). Après la cuisson, laisser refroidir à température ambiante puis au réfrigérateur pendant 4 heures.*
4. *Avant de servir, saupoudrer chaque ramequin de cassonade puis les caraméliser avec un chalumeau ou sous le gril du four.*

Astuce gourmande : mixez légèrement la menthe afin de ne pas trop la chauffer et ainsi pouvoir préserver une belle couleur verte.

Conseil : vous pouvez aussi utiliser de la menthe poivrée, qui possède plus de menthol que la menthe fraîche classique, d'où une sensation de fraîcheur plus intense.

Pour 8 personnes
Recette très facile
Recette raisonnable
Préparation : 50 minutes
Cuisson : 1 heure 15 minutes
Repos : 4 heures

Ingrédients
200 g de patates douces
35 cl de lait
45 cl de crème fraîche liquide
8 jaunes d'œufs
170 g de sucre en poudre
80 g de cassonade.

Crème brûlée à la patate douce

1. *Laver puis cuire les patates douces avec leur peau dans le lait et la crème, cuire à frémissement pendant 25 minutes environ.*
2. *Peler les patates douces puis mixer le tout. Filtrer ensuite à l'aide d'une passoire fine.*
3. *Mélanger les jaunes d'œufs avec le sucre puis verser par-dessus le mélange lait et crème petit à petit en délayant bien.*
4. *Répartir la préparation dans 8 ramequins et cuire pendant 50 minutes à 100 °C (th. 3). Après la cuisson, laisser refroidir à température ambiante puis au réfrigérateur pendant 4 heures.*
5. *Avant de servir, saupoudrer chaque ramequin de cassonade puis les caraméliser avec un chalumeau ou sous le gril du four.*

Astuce gourmande : la vanille s'associant très bien avec la patate douce, vous pouvez ajouter 1 gousse coupée en deux et égrainée dans la préparation.

Conseil : le fait de cuire les patates douces avec leur peau permet de conserver un maximum de leurs vitamines.

Crème brûlée à la menthe

Pour 8 personnes
Recette facile
Recette peu coûteuse
Préparation : 50 minutes
Infusion : 15 minutes
Cuisson : 1 h 05 minutes
Repos : 4 heures

Ingrédients
5 poires
30 cl de lait
50 cl de crème fraîche liquide
15 graines de cardamome
9 jaunes d'œufs
170 g de sucre en poudre
80 g de cassonade.

Crème brûlée à la poire et à la cardamome

1. Éplucher, épépiner puis couper les poires en gros cubes.
2. Porter à ébullition le lait et la crème puis ajouter les poires taillées. Laisser cuire 15 minutes environ à feu moyen. Mixer ensuite et ajouter les graines de cardamome. Laisser infuser 15 minutes. Filtrer le mélange à l'aide d'une passoire fine.
3. Mélanger les jaunes d'œufs avec le sucre puis verser par-dessus le mélange lait et crème petit à petit en délayant bien.
4. Répartir la préparation dans 8 ramequins et cuire pendant 50 minutes à 100 °C (th. 3). Après la cuisson, laisser refroidir à température ambiante puis au réfrigérateur pendant 4 heures.
5. Avant de servir, saupoudrer chaque ramequin de cassonade puis les caraméliser avec un chalumeau ou sous le gril du four.

Astuce gourmande : *vous pouvez utiliser une demi-poire pochée et creusée afin de remplacer le ramequin et ainsi apporter de l'originalité à votre dessert.*

Conseil : l'arôme de la cardamome est fort, donc, à utiliser en faible quantité.

Pour 8 personnes
Recette très facile
Recette peu coûteuse
Préparation : 30 minutes
Infusion : 15 minutes
Cuisson : 55 minutes
Repos : 4 heures

Ingrédients
40 cl de lait
60 cl de crème fraîche liquide
80 g de pâte de pistache
9 jaunes d'œufs
160 g de sucre en poudre
80 g de cassonade.

Crème brûlée à la pistache

1. Faire chauffer le lait, la crème et ajouter la pâte de pistache. Bien mélanger puis laisser infuser pendant 15 minutes.
2. Mélanger les jaunes d'œufs avec le sucre puis verser par-dessus le mélange lait et crème petit à petit en délayant bien.
3. Répartir la préparation dans 8 ramequins. Enfourner pour 50 minutes à 100 °C (th. 3). Après la cuisson, laisser refroidir à température ambiante puis au réfrigérateur pendant 4 heures.
4. Avant de servir, saupoudrer chaque ramequin de cassonade puis les caraméliser avec un chalumeau ou sous le gril du four.

Astuce gourmande : vous pouvez remplacer la cassonade par une fine couche de crème au chocolat.

Conseil : la crème brûlée sera réussie si l'intérieur est encore froid et la surface caramélisée, tiède, d'où l'importance de bien refroidir les crèmes au réfrigérateur pendant 4 heures.

Pour 8 personnes
Recette facile
Recette peu coûteuse
Préparation : 35 minutes
Infusion : 15 minutes
Cuisson : 55 minutes
Repos : 4 heures

Ingrédients
4 pêches blanches
40 cl de lait
50 cl de crème fraîche liquide
10 feuilles de verveine fraîche
8 jaunes d'œufs
170 g de sucre en poudre
80 g de cassonade.

Crème brûlée à la pêche et à la verveine

1. Éplucher, dénoyauter puis tailler les pêches en petits cubes.
2. Porter à ébullition le lait et la crème puis ajouter les feuilles de verveine fraîches. Laisser infuser 15 minutes. Filtrer ensuite la préparation à l'aide d'une passoire fine.
3. Mélanger les jaunes d'œufs avec le sucre puis verser par-dessus le mélange lait et crème petit à petit en délayant bien.
4. Répartir les pêches et la préparation dans 8 ramequins et enfourner pour 50 minutes à 100 °C (th. 3). Après la cuisson, laisser refroidir à température ambiante puis au réfrigérateur pendant 4 heures.
5. Avant de servir, saupoudrer chaque ramequin de cassonade puis les caraméliser avec un chalumeau ou sous le gril du four, déguster vite pour que le caramel reste craquant.

Conseil : vous pouvez conserver la verveine fraîche plusieurs jours avec un peu d'eau dans un verre.

Crème brûlée
à la pistache

Pour 8 personnes
Recette très facile
Recette peu coûteuse
Préparation : 35 minutes
Cuisson : 55 minutes
Repos : 4 heures

Ingrédients
6 pommes golden
20 g de beurre
180 g de sucre en poudre
35 cl de lait
50 cl de crème fraîche liquide
1 petite cuil. à café de poudre de cannelle
8 jaunes d'œufs
80 g de cassonade.

Crème brûlée à la pomme et à la cannelle

1. Éplucher et épépiner les pommes, les couper en cubes et les faire revenir à la poêle avec le beurre et 20 g de sucre. Réserver au fond de 8 ramequins.
2. Porter à ébullition le lait et la crème puis ajouter la poudre de cannelle.
3. Mélanger les jaunes d'œufs avec le sucre restant puis verser par-dessus le mélange lait et crème petit à petit en délayant bien.
4. Répartir la préparation dans 8 ramequins. Cuire pendant 50 minutes à 100 °C (th. 3). Après la cuisson, laisser refroidir à température ambiante puis au réfrigérateur pendant 4 heures.
5. Avant de servir, saupoudrer chaque ramequin de cassonade puis les caraméliser avec un chalumeau ou sous le gril du four.

Astuce gourmande : *vous pouvez cuire les pommes en papillote au four avec juste la poudre de cannelle afin d'obtenir une recette sans excès de matière grasse.*

Conseil : *avant de mettre la cassonade pour caraméliser, épongez délicatement le dessus des crèmes avec un papier absorbant.*

Pour 8 personnes
Recette très facile
Recette chère
Préparation : 30 minutes
Infusion : 15 minutes
Cuisson : 55 minutes
Repos : 4 heures

Ingrédients
4 gousses de vanille Bourbon
40 cl de lait
60 cl de crème fraîche liquide
9 jaunes d'œufs
170 g de sucre en poudre
80 g de cassonade.

Crème brûlée à la vanille Bourbon

1. Fendre en deux les gousses de vanille et récupérer les graines. Mettre le tout dans une casserole avec le lait et la crème. Porter à ébullition puis laisser infuser pendant 15 minutes. Filtrer ensuite la préparation dans une passoire très fine.
2. Mélanger les jaunes d'œufs avec le sucre puis verser par-dessus le mélange lait et crème petit à petit en délayant bien.
3. Répartir la préparation dans 8 ramequins. Cuire pendant 50 minutes à 100 °C (th. 3). Après la cuisson, laisser refroidir à température ambiante puis au réfrigérateur pendant 4 heures.
4. Avant de servir, saupoudrer chaque ramequin de cassonade puis les caraméliser avec un chalumeau ou sous le gril du four.

Astuce gourmande : ne jetez pas vos gousses de vanille ouvertes, mettez-les dans un bocal fermé avec du sucre en poudre et vous obtiendrez comme cela un sucre vanillé naturel pour toutes vos pâtisseries.

Conseil : la crème brûlée doit caraméliser le plus vite possible afin que la crème froide en dessous ne puisse se réchauffer ou, pire, cuire à nouveau.

Table des matières